Vorwort

Es gibt viele Gründe, die dafür sprechen, sich vegan zu ernähren. Der häufigste Grund ist, das Veganer nicht für das Leid der Tiere verantwortlich sein möchten, welches durch das Schlachten und das Mästen entsteht. Veganer essen kein Fleisch, keinen Fisch und auch keine tierischen Produkte wie Eier oder Milch.

Im Kosmetik-Bereich werden Kosmetikartikel gemieden, worin sich tierische Produkte befinden, oder für welche Tierversuche gemacht wurden.

Lederartikel und tierische Wolle werden gemieden.

Auch der Umweltschutz spielt eine große Rolle.

Zum Beispiel verursacht die landwirtschaftliche Tierhaltung 18 % mehr Emissionen als der globale Verkehr. Sie trägt einen Anteil von 37% der globalen Methan Emissionen, 9% des Treibhausgases CO_2 und 65% von Distickstoffmonoxid - einem Gas das ein 300-fach größeres Potential zur globalen Erwärmung hat als CO_2. Jeder kann sehen, es gibt eine Vielzahl von Gründen, die für die vegane Ernährung sprechen.

1

Inhaltsverzeichnis

Tofubälle

Zutaten
250g Tofu	200g Erdnüsse
2 Möhren	1 Zwiebel
100g gekochter	
Reis	1 EL Olivenöl
1 EL Sojasauce	1 EL Ahornsirup
etwas	
Paniermehl	

Zubereitung
Den Tofu zerkleinern und die Möhren fein raspeln. Die Erdnüsse hacken. Die übrigen Zutaten hinzugeben und zu Bällchen formen. Die Bällchen 5 Minuten auf den heißen Grill backen.

Gegrillter Tofu

Zutaten

400g Tofu	1 Zwiebel
50ml Wasser	8 EL Sojasauce
50ml Orangensaft	2 EL Olivenöl
1 TL Salz	Pfeffer
Kräuter	

Zubereitung

Den Tofu in Scheiben schneiden. Aus den übrigen Zutaten eine Marinade bereiten. Den Tofu darin 5 Stunden ziehen lassen. Den Grillrost einölen und den Tofu darauf grillen.

Zwiebel-Tofu-Spieße

Zutaten

250g Tofu	5 EL Sesamsaat
100ml Sojasauce	1 TL Ingwerpulver
½ TL Kurkuma	1 TL Curry
10 Frühlingszwiebeln	10 Spieße

Zubereitung
Den Tofu in Würfeln schneiden und mit dem Sesam
panieren. Aus den übrigen Zutaten außer den
Frühlingszwiebeln eine Marinade bereiten und den Tofu
hineinlegen. Mindestens 2 Stunden ziehen lassen. Die
Zwiebeln vierteln und mit dem Tofu auf die Spieße
befestigen. Auf dem Grill rösten, bis sie schön braun sind.

Tikka-Würfel vom Grill

Zutaten
400g Tofu	Ananas in Stücken
150g Joghurt	2 TL Koriander
1 TL Chilipulver	etwas Minze
2 EL Tomatenmark	Salz
Pfeffer	Holzspieße

Zubereitung
Den Tofu in Stücken schneiden. Alle anderen Zutaten
(außer Ananas und Tofu) in eine Schüssel geben und
vermischen. Ananas und Tofu damit marinieren und auf

Spießen befestigen. Die Spieße ca. 20 Minuten auf den Rost garen.

Würziger Grill-Seitan

Zutaten

1 kg Seitan	200ml Olivenöl
6 Knoblauchzehen gepresst	1 TL Pfefferkörner
1 Prise Cayennepfeffer	1 TL Zitronensaft
50ml Sojasauce	1 TL Kräuter

Zubereitung

Seitan in ca. 1 cm dicke Scheiben schneiden. Aus den übrigen Zutaten eine Marinade bereiten. Die Seitanscheiben mit der Marinade begießen und alles über Nacht im Kühlschrank durchziehen lassen. Alles auf den heißen Grill knusprig backen.

Vegane Paprika-Grillwurst

Zutaten

200g Gluten	5 EL Hefeflocken
3 EL Gemüsebrühe	1 EL Knoblauch
1 große Paprikaschote	
rot	1 Zwiebel
1 EL Mehl	250ml Wasser
40 ml Sonneblumen-	
Öl	

Zubereitung

Paprika waschen und würfeln. Die Zwiebeln schälen und sehr fein würfeln- Das Mehl darüber geben und durchrühren. Nun die Gluten hinzugeben und alles durchrühren. Jetzt kommen die Gewürze hinzu. Nun die übrigen Zutaten geben. Alles in Alufolie einrollen und 1 Stunde im Topf dämpfen. Dann den Topf ausschalten und alles im Topf abkühlen lassen. Nun die Wurst herausrollen und in Scheiben schneiden. Die Wurst kann nun gegrillt werden.

Vegane Bratwurst

Zutaten

300g Seitanmehl	40g Hefeflocken
1 TL Knoblauchpulver	etwas Kreuzkümmel
2 EL Paprikapulver	Pfeffer
2 TL Salz	1 TL Zucker
2 TL Zwiebelpulver	50ml Öl
10g Senf	50ml Sojasauce
6 EL	

| Tomatenmark | 350ml Wasser |

Zubereitung

Zuerst alle trockenen Zutaten in eine Schüssel geben, obenauf kommen dann die flüssigen. Alles mit dem Rührgerät verrühren. Aus den Zutaten 12 Würstchen formen und erst in Backpapier dann in Alufolie wickeln. Im Ofen bei 180 Grad 60 Minuten backen. 15 Minuten ruhen lassen und dann auswickeln. Die Wurst kann gegrillt werden.

Cevapcici

Zutaten

1 Zwiebel	2 Knoblauchzehen
1 Paprikaschote rot	200g Grünkernschrot
200ml kalte Gemüsebrühe	5 EL Couscous
2 EL Petersilie	4 EL Tomatenmark
2 TL Johannis-brotkernmehl	2 TL Paprika ungarisch
1 TL Ajvar scharf	Salz
Pfeffer	Holzspieße
Olivenöl	

Zubereitung

Die Zwiebeln und die Knoblauchzehen schälen. Die Zwiebel in kleine Würfel schneiden, die Knoblauchzehen pressen. Grünkernschrot in einer Pfanne anrösten und mit der Brühe ablöschen. Alles nochmals kurz aufkochen und abkühlen lassen. Die übrigen Zutaten hinzugeben und alles zu einem Teig kneten. Die Holzspieße einölen. Aus dem Teig Röllchen

formen und auf die Spieße geben. Alles auf dem geölten
Grill garen.

Ananas-Zucchini-Spieße

Zutaten
1 Zwiebel	1 Zucchini
2 frische	
Ananas	Holzspieße
50 ml Erdnussöl	Salz
Pfeffer	

Zubereitung
Die Zwiebel schälen und in Scheiben schneiden. Die
Zucchini und die Ananas in Stücken schneiden. Aus dem
Erdnussöl, Salz und Pfeffer eine Marinade bereiten. Das
Obst und Gemüse damit 30 Minuten marinieren. Alles
abwechselnd auf Holzspießen schichten. Dann so lange
grillen bis alles schön braun ist.

Birnen-Brokkoli-Spieße

Zutaten
2 Birnen	Saft einer Zitrone
500g Brokkoli-	
röschen	Holzspieße
50g Rapsöl	4 EL Balsamico
3 EL Ahorn-	
sirup	Salz
Pfeffer	

Zubereitung
Die Birnen entkernen und in Stücken schneiden. Brokkoli
waschen. Aus den übrigen Zutaten eine Marinade bereiten
und die Birnen mit dem Brokkoli darin 30 Minuten ziehen
lassen. Alles auf die Spieße geben und auf dem heißen Grill
backen.

Marinierte Rote Zwiebeln

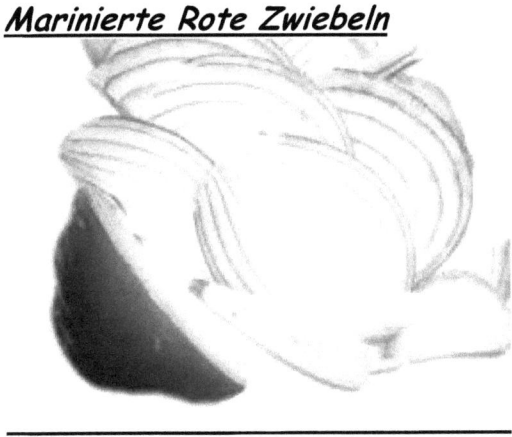

Zutaten

10 rote Zwiebeln	10 EL Kürbiskernöl
4 EL Essig	2 EL Majoran frisch
Pfeffer schwarz	Salz

Zubereitung
Die Zwiebeln in Scheiben schneiden und in eine Schüssel
geben. Aus den übrigen Zutaten eine Marinade bereiten
und die Zwiebeln damit bedecken. Am Besten über Nacht
im Kühlschrank durchziehen lassen. Den Grillrost mit gutem
Öl einölen und die Zwiebeln einige Minuten darauf brutzeln.

Marinierte Artischocken

Zutaten

4 Artischocken	1 EL Zitronensaft
1 Schalotte	3 Knoblauchzehen
50ml Olivenöl	30ml Rotweinessig
2 EL Balsamico	1 TL Salz
1 TL Basilikum	

Zubereitung

Von den Artischocken die Stiele und die harten
Außenblätter entfernen. Dann die Artischocken der Länge
nach halbieren und die Fäden aus der Mitte entfernen. Die
Schalotte schneiden und die Knoblauchzehen pressen. Die
übrigen Zutaten in eine Schüssel geben und zu einer
Marinade verrühren. Die Artischocken in die Marinade
geben und 1 Stunde ziehen lassen. Nun die Artischocken
auf dem heißen Grill garen.

Rosmarin Zwiebeln

Zutaten

8 Zwiebeln	8 EL Kürbiskernöl
Salz	2 EL Rosmarin frisch
Pfeffer	Alufolie

Zubereitung
Die Zwiebeln schälen. Nun 8 Alufolienstücke abreißen. Die Zwiebeln darauf verteilen. Das Öl mit den übrigen Zutaten vermischen und über die Zwiebeln geben. Die Päckchen schließen und 30 Minuten grillen.

Zitronen-Salbei-Frühlingszwiebeln

Zutaten

4 Salbeiblätter	Saft einer Bio-Zitrone
50ml Olivenöl	2 EL Balsamico
Salz	Pfeffer
1 Bund	
Frühlingszwiebeln	

Zubereitung
Die Frühlingszwiebeln waschen und zurechtschneiden. Die übrigen Zutaten außer den Frühlingszwiebeln in den Mixer geben. Auf höchster Stufe ca. 30 Sekunden mixen. Die Frühlingszwiebeln damit marinieren. Nach ca. 1 Stunde die Zwiebeln auf dem eingeölten Grill garen.

Gefüllte Champignons

Zutaten

1 Zwiebel	500g große Champignons
Salz	Pfeffer
2 EL Kürbiskern-öl	6 EL Hafersahne
5 EL gemahlene Mandeln	4 EL Petersilie
3 EL Hefeflocken	1 TL Paprika edelsüß
1 TL Essig	1 TL Wocestersauce

Zubereitung

Die Champignons waschen und die Stiele entfernen. Beiseite stellen. Die übrigen Zutaten in den Mixer geben und ca. 2 Minuten zerkleinern. Die Füllung in die Champignons geben. Alles in einer Grillschale oder auf dem Rost garen.

Gefüllte Paprika

Zutaten

700g Kartoffeln	100ml Hafersahne

5 EL Kürbiskerne	4 EL Tomatenmark
4 große Paprika-	
schoten, Farbe je nach	
Vorliebe	5 EL Röstzwiebeln
Pfeffer	Salz
Muskat	

Zubereitung
Die Paprikaschoten waschen und aushöhlen. Beiseite stellen. Die Kartoffeln kochen und pellen. Wenn die Kartoffeln abgekühlt sind mit den übrigen Zutaten außer den Kürbiskernen in eine Schüssel geben. Alles mit dem Rührgerät auf höchster Stufe verrühren. Die Paprikaschoten mit der Kartoffelmasse füllen. Oben ein paar Kürbiskerne drüberstreuen. Alles auf dem Grill in ca. 20 Minuten garen.

Pilz-Bananen-Spieße

Zutaten
16 kleine	
Champignons	2 Bananen
1 rote Paprikaschote	1 gelbe Paprikaschote
Holzspieße	50ml Olivenöl
2 TL Harissa	2 EL Zitronensaft
Salz	Pfeffer

Zubereitung
Die Pilze reinigen. Die Bananen schälen und in Scheiben schneiden. Die Paprika in aufspießbare Scheiben schneiden. Aus den übrigen Zutaten eine Marinade rühren. Das Obst und Gemüse hinein geben und mindestens 1 Stunde ziehen

lassen. Alles auf die Spieße geben und in ca. 20 Minuten auf dem Grill garen.

Dessert-Banane vom Grill

Zutaten
4 Bananen   4 EL Rohrohrzucker
4 EL Rum

Zubereitung
Die Bananen öffnen, jedoch die Schale nicht ganz entfernen. Mit dem Rum beträufeln und den Zucker darüber geben. Auf dem heißen Grill ca. 20 Minuten brutzeln.

Spargel vom Grill

Zutaten
500g Spargel	30g Margarine pflanzlich
3 EL Kräuter	Salz
Pfeffer	Muskat

Zubereitung
Den Spargel waschen und schälen. Die Alufolie für 4
Päckchen zurechtlegen. Die Margarine und die Gewürze und
Kräuter darin verteilen und den Spargel hinein geben. Ca.
20 Minuten auf den Grill legen. Zwischendurch wenden.

Gegrillte Champignons

Zutaten
400g frische Champignons	5 Knoblauchzehen, gepresst
50ml Sojasauce	50ml Kürbiskernöl

Zubereitung
Die Champignons putzen und in eine Schüssel geben. Aus
den übrigen Zutaten eine Marinade bereiten. Ein grosses

Stück Alufolie auf den Grill geben. Die Champignons mit der Marinade darauf geben und alles schön braun rösten.

Gegrillter Kohlrabi

Zutaten

2 Kohlrabi	6 EL Kokosöl
2 EL Ahornsirup	2 EL Zitronensaft
Salz	Pfeffer

Zubereitung
Kohlrabi schälen und in ca. 0,5 cm dicke Scheiben schneiden. Die übrigen Zutaten in eine Schüssel geben und verrühren. Die Kohlrabischeiben damit benetzen und mindestens 30 Minuten in dieser Marinade ziehen lassen. Die Scheiben auf dem Grillrost goldbraun grillen.

Zucchini-Spieße hot!

Zutaten

2 Zucchini	20 Knoblauchzehen
Holzspieße	100g Erdnusscreme vegan
1 entkernte	
Peperoni	Saft einer Zitrone (Bio)
5 EL	
Kürbiskernöl	Salz
Pfeffer	

Zubereitung
Die Zucchini erst halbieren, dann vierteln. Knoblauch schälen. Die übrigen Zutaten in den Mixer geben und eine Marinade bereiten. Zucchini und Knoblauch 30 Minuten darin marinieren, Alles auf die Spieße geben und schön braun grillen.

Grill-Ananas

Zutaten

1 Ananas	5 EL Rohrohrzucker
4 EL Kokosraspel	3 EL ÖL

Zubereitung
Die Ananas schälen und in Scheiben schneiden. Aus den übrigen Zutaten eine Marinade bereiten. Die Scheiben darin wälzen und ca. 20 Minuten auf den Grill legen.

Dunkel gegrillte Auberginen

Zutaten

2 große Auberginen	3 EL Sesam
50g Roh-rohrzucker	6 EL rotes Miso
50ml Kürbis-kernöl	2 EL Reisessig
50ml Sojasauce	

Zubereitung

Die Auberginen in dicke Scheiben schneiden. Aus den übrigen Zutaten eine Marinade bereiten. Die Scheiben darin wälzen und ca. 20 Minuten auf den Grill legen.

Grill-Fenchel

Zutaten

1 Fenchel	3 Tomaten
4 Knoblauchzehen	Rosmarin
Thymian	100ml Olivenöl
Salz	Pfeffer

Zubereitung

Das Gemüse in Scheiben schneiden. Mit den Gewürzen und Öl vermischen. Aus Alufolie 4 Stücke herausreißen und 4 Päckchen basteln. Das Gemüse hinein geben und die Päckchen verschließen. Alles 20 Minuten grillen.

Tomatensäckchen

Zutaten

4 Tomaten	2 Zwiebeln
Oliven	2 Knoblauchzehen
20g Kürbiskernöl	Salz
Pfeffer	Alufolie

Zubereitung

Die Tomaten vierteln. 4 Stücke Alufolie abreißen und die Tomaten darauf verteilen. Die Zwiebel in Scheiben schneiden und zu den Tomaten geben. Die Oliven dazu geben. Nun das Öl mit den Gewürzen und den gepressten Knoblauch geben. Über die Tomaten träufeln. Die Päckchen verschließen und 20 Minuten in die heiße Glut geben.

Bratäpfel

Zutaten

4 Äpfel	4 Dörrpflaumen
100g Haselnuss	100g Rosinen
2 EL	
Kürbiskernöl	Zimt

Zubereitung

Das Kerngehäuse entfernen. Aus den übrigen Zutaten eine Masse bereiten. Die Äpfel mit der Masse füllen und in eine feuerfeste Schale setzen. Die Äpfel mindestens 20 Minuten grillen.

Basilikum-Grilltomaten

Zutaten

6 Tomaten	4 Knoblauchzehen gepresst
3 EL Olivenöl	3 TL frisches Basilikum
1 EL Essig	1 TL Senf
Salz	Pfeffer

Zubereitung

Die Tomaten halbieren. Aus den übrigen Zutaten eine Marinade bereiten. Die Tomaten in eine feuerfeste Form geben und die Marinade über die Tomaten gießen. Nun alles auf den heißen Grill rösten.

Maiskolben vom Grill

Zutaten

4 Maiskolben	100g Pflanzenmargarine
2 Knoblauchzehen	Salz
Pfeffer	Alufolie

Zubereitung

Die Maiskolben waschen. Die Margarine mit den Gewürzen mischen, Knoblauchzehen pressen und zu der Margarine geben. 4 Stücke Alufolie abreißen und die Maiskolben darauf geben. Nun die Kolben mit der gewürzten Margarine einreiben. Die Alu-Päckchen verschließen. Auf dem heißen Rost ca. 30 Minuten grillen.

Kartoffel-Steaklettes

Zutaten

4 große Kartoffeln	100ml Olivenöl
1 TL Paprikapulver	1 TL Rosmarin
1 TL Curry	Pfeffer

Salz

Zubereitung
Die Kartoffeln in dicke, geriffelte Scheiben schneiden. Aus den übrigen Zutaten eine Marinade bereiten. Die Kartoffelscheiben in einen Beutel geben und die Marinade ebenso. Alles verschließen und durchschütteln. Über Nacht im Kühlschrank durchziehen lassen. Die Steaklettes von beiden Seiten auf dem Grill goldbraun rösten.

Süßkartoffelspalten vom Grill

Zutaten

1 kg Süßkartoffeln	50ml Kürbiskernöl
50ml Sojasauce	3 EL Rotweinessig
2 TL Curry	etwas gemahlenes Chilipulver
Pfeffer	Salz

Zubereitung
Die Kartoffeln schälen und in dünne Spalten schneiden. Die übrigen Zutaten in eine Schüssel geben und verrühren. Die

Kartoffeln darin wälzen. Alles in eine Grillschale geben und auf dem Grill goldig knusprig anbraten.

Gegrillte Kartoffel-Spinat-Taler

Zutaten
800g Kartoffeln	1 PK TK Spinat
3 Knoblauchzehen	1 Zwiebel
100g Mehl	80g Polenta
50g Hafersahne	Saft einer Bio-Zitrone
Salz	Pfeffer
Muskat	

Zubereitung
Die Kartoffeln am Besten am Vortag kochen und schälen. Den Spinat auftauen und auspressen. Die Knoblauchzehen pressen und die Zwiebel sehr fein würfeln. Alle Zutaten zusammen in eine Schüssel geben und mit dem Handrührgerät auf höchster Stufe zu einem Teig rühren. Den Teig eine Stunde in den Kühlschrank stellen. Jetzt kleine Küchlein formen und auf dem geölten Rost goldbraun grillen.

Kartoffel-Spieße vom Grill

Zutaten
750g neue Kartoffeln	4 lange Bambusspieße
3 El Olivenöl	Salz
Pfeffer	

Zubereitung

Kartoffeln 15 Minuten lang kochen. Die Kartoffeln halbieren und mit dem Öl und d. Gewürzen marinieren. Auf die Spieße stecken und ca. 15 Minuten grillen.

Rosmarin-Kartoffeln vom Grill

Zutaten
10 große Kartoffeln	2 EL Rosmarin frisch
8 EL Olivenöl	Salz

Die Kartoffeln halbieren und mit den übrigen Zutaten marinieren.
Eine feuerfeste Form mit Öl einpinseln und die Kartoffeln darin verteilen. Nochmals etwas nachsalzen. 60 Minuten auf dem Grill garen. Ab und zu wenden.

Gegrillte Kürbisspalten

Zutaten
1 Kürbis	5 EL Sesamöl
Salz	Pfeffer

Zubereitung
Den Kürbis zuerst halbieren. Dann die Kerne entfernen. Nun den Kürbis in Spalten teilen und mit dem Öl und den Gewürzen marinieren. Auf dem Grill schön knusprig garen.

Knoblauchtoast gegrillt

Zutaten
100ml Olivenöl   10 Scheiben Vollkorntoast
3 Knoblauchzehen   1 TL Zitronensaft
1 TL Kräuter

Zubereitung
Die Knoblauchzehen pressen und in das Öl geben. Alle
Zutaten außer das Brot hinzugeben. Die Brotscheiben mit
dem Ölgemisch bestreichen und auf den heißen Grill geben.

Bruschetta vom Grill

Zutaten
2 Ciabatta   300g Tomaten
50g Olivenöl   Salz
Pfeffer   Basilikum
3 Knoblauchzehen

Zubereitung
Das Brot in Scheiben schneiden. Den Belag vorbereiten.
Dazu die Tomaten in Stücken hacken und mit dem Öl und
den Gewürzen mischen. Knoblauch pressen und hinzufügen.
Das Brot damit belegen und auf dem Grill backen, bis alles
goldbraun ist.

Pizza vom Grill

Zutaten
Teig

500g Mehl	1 Würfel Hefe
200ml Wasser	20g Olivenöl
Salz	1 TL Zucker

Sauce

500g Tomaten	1 EL Oregano
1 EL Zucker	

Belag

Veganer Käse	Gemüse nach Belieben

Zubereitung
Aus den Teigzutaten einen Teig kneten und 30 Minuten
gehen lassen. Die Zutaten für die Sauce in den Mixer
geben und ca. 3 Minuten durchmixen. Nun den Teig in 6
Stücken teilen und zu Pizzafladen ausrollen. Auf den
heißen Grillrost schön braun rösten. Dann wenden. Jetzt
erst die Sauce und die Belagzutaten darauf verteilen. Alles
schön knusprig backen.

Pitabrot vom Grill

Zutaten

250g Mehl	250ml Wasser lauwarm
20g Zucker	30g Olivenöl
1 Würfel Hefe	Salz

Zubereitung
Die Hefe zusammen mit dem Zucker im lauwarmen Wasser auflösen. Die übrigen Zutaten hinzugeben und alles durchkneten. 1 Stunde lang gehen lassen. Den Teig in 10 Stücken teilen und zu Pita formen. Alles schön braun grillen.

Fladenbrot orientalisch

Zutaten

200g Kichererbsen	150ml Wasser
100g Weizenmehl	4 EL Kräuter frisch
1 TL Salz	

Zubereitung
Die Kichererbsen fein mahlen. Die übrigen Zutaten hinzugeben. Eine Stein- oder Metallplatte auf dem Grill heiß werden lassen und die Fladen darauf backen.

Oliven-Linsen-Burger

Zutaten

200g Linsen	1 Liter kochendes Wasser
2 Knoblauch-	
zehen	1 Zwiebel
100g Oliven	70g Semmelbrösel
3 EL Tomatenmark	2 TL Johannisbrotkernmehl
Salz	Pfeffer

Zubereitung
Die Linsen mit dem Wasser übergießen und mindestens 8 Stunden quellen lassen. Dann die Linsen abspülen. Die Knoblauchzehen zerdrücken und die Zwiebeln und Oliven

zerkleinern. Alle Zutaten in eine Schüssel geben und mit dem Rührgerät kneten. Mit den Händen ca. 10 Burger formen und auf den heißen Grill backen.

Kircherebsen-Küchlein

Zutaten

200g Kichererbsen	500ml Gemüsebrühe
1 Zwiebel	3 Knoblauchzehen
1 x Ei-Ersatz	2 TL Backpulver
Pfeffer	1 EL Zitronensaft

Zubereitung
Die Kichererbsen über Nacht einweichen. Abwaschen. Zusammen mit der Gemüsebrühe 1 Stunde kochen. Danach alles pürieren. Nach Abkühlung die anderen Zutaten hinzugeben und zu einen Teig verarbeiten. Zu kleinen Küchlein formen und auf den geölten Rost backen.

Dinkel-Gemüse-Bratlinge vom Grill

Zutaten

180g Dinkelkörner	100g geraspelter Kohlrabi
60g geraspelte Karotte	6 EL Dinkelmehl
3 EL Semmel-brösel	2 EL Tomatenmark
1 TL Johannis-brotkernmehl	2 EL Petersilie
1 EL Dill	1 TL Salz
Pfeffer	

Zubereitung
Die Dinkelkörner in 1 Liter Wasser geben und 5 Stunden quellen lassen. Dann das Wasser abgießen und mit frischem Wasser in einen Topf geben und zum Kochen bringen. In 20 Minuten weich kochen. Das Wasser abgießen. Die übrigen Zutaten zum Dinkel geben und alles mit dem Handrührgerät zu einem Teig kneten. 30 Minuten quellen lassen. Mit den Händen zu Bratlingen formen. Auf den geölten Rost goldbraun backen.

French-Dressing

Zutaten

200ml Sojajoghurt	1 EL Essig
1 EL Olivenöl	$\frac{1}{2}$ TL Salz
1 TL Rohrohrzucker	1 EL Senf
Pfeffer	

Zubereitung
Alle Zutaten zusammen in eine Schüssel geben und verrühren.

American-Dressing

Zutaten

250ml Soja-Joghurt	
2 EL Ketchup	1 EL Senf
1 TL Dill getrocknet	1 EL Zitronensaft
	Salz

2 EL Roh-
rohrzucker
50ml Kürbis-
kernöl

Zubereitung
Alles zusammen in eine Schüssel geben. Mit dem
Handrührgerät langsam sämig rühren.

Sylter-Dressig

Zutaten
1 Zwiebel   250ml Sojajoghurt
1 Knoblauchzehe   1 EL Dill
2 EL Balsamico   1 EL Senf mittelscharf
50g Olivenöl
2 EL Roh-
rohrzucker   Salz
Pfeffer

Zubereitung
Die Zwiebel sehr klein schneiden und die Knoblauchzehe
pressen. Die übrigen Zutaten hinzugeben. Alles cremig
rühren.

Erfrischendes Minze-Dressing

Zutaten
1 Bund Minze
frisch   30 ml Balsamico
40 ml Leinöl   200g Soja-Joghurt
50ml Soja Cuisine   Salz

Pfeffer

Zubereitung
Die Minze klein hacken und in eine Schüssel geben. Die übrigen Zutaten hinzugeben. Alles mit dem Rührgerät kräftig durchrühren.

Kräuter-Vinagrette

Zutaten
50ml Olivenöl   30ml Essig
1 Bund Kräuter   Salz
Pfeffer   1 EL Senf
2 EL Roh-
rohrzucker

Zubereitung
Die Kräuter in den Mixer geben und zerkleinern. Die übrigen Zutaten hinzufügen und kurz durchmixen.

Johannisbeer-Dressing

Zutaten
600ml Balsamico
500g rote
Johannisbeeren   200g Rohrohrzucker
1 Vanilleschote

Zubereitung

Alles zusammen in den Mixer geben und auf höchster Stufe verrühren.

Grill-Marinade

Zutaten

1 Zwiebel	4 Peperoni
1 EL Senf	1 TL Kräuter
5 Knoblauchzehen	Salz
100ml Pflanzenöl	

Zubereitung
Die Knoblauchzehen pressen und zusammen mit den anderen Zutaten eine Marinade herstellen. Das Grillgut (z.B. Tofu) hinein geben und über Nacht durchziehen lassen.

Englische Barbecuesauce

Zutaten

2 Zwiebeln	50g Öl
100g Tomatenmark	Saft einer Zitrone
2 EL Zucker	1 EL Senf
3 EL Wocestersauce	50g Weißwein

Zubereitung
Alle Zutaten zusammen in den Mixer geben und kräftig durchmixen. Alles in einen Topf schütten und 10 Minuten durchkochen. Die Sauce abfüllen.

Salsa-Sauce

Zutaten

500g Tomaten	2 Peperoni
2 Knoblauchzehen	2 Zwiebeln
1 Bund Koriander	50ml Olivenöl
Salz	Pfeffer
1 EL Rohrohrzucker	

Zubereitung

Den Knoblauch schälen und pressen. Alles im Mixer umfüllen und die übrigen Zutaten hinzugeben. So lange mixen, bis alles sämig ist. Die Sauce in einen Topf geben und 2 Minuten Kochen.

Paprika-Mais-Dip

Zutaten

1 Dose Mais	1 grüne Paprika
1 Dose Pizza-Tomaten	1 TL Sambal Olek
Salz	Pfeffer

Zubereitung

Paprika sehr fein hacken. Den Mais abtropfen lassen. Zusammen mit den übrigen Zutaten in eine Schüssel geben und mit dem Handrührgerät verrühren.

Petersilien-Pfefferminz-Pesto

Zutaten

100g Petersilie	50g Pfefferminzblätter
100g Pinienkerne	1 Knoblauchzehe
30ml Olivenöl	Salz
Pfeffer	30ml Zitronensaft

Zubereitung
Die Knoblauchzehe pressen und die Pinienkerne hacken. Alle Zutaten in den Mixer geben und so lange mixen, bis alles cremig ist. Passt gut zu Grilltofu.

Rote Beete Pesto

Zutaten

8 Rote Beete	
Blätter	Salz
Pfeffer	1 TL Gemüsebrühe
50ml Kürbis-	
kernöl	100g Pinienkerne

Zubereitung
Alles zusammen in den Mixer geben. Auf höchster Stufe grob durchmixen.

Meerrettich-Creme

Zutaten

200g Tofu	1 Zwiebel
1 Stück frischer	
Meerrettich	1 EL Kürbiskernöl

1 EL Hefeflocken   1 TL Salz
20ml Zitronensaft

Zubereitung
Meerrettich mit der Küchenmaschine fein reiben. In den
Mixer umfüllen. Die übrigen Zutaten hinzugeben und mixen,
bis alles schön sämig ist.

Kichererbsen-Creme

Zutaten
1 Glas Kichererbsen
abtropfen lassen   Saft einer Zitrone (Bio)
50ml Olivenöl   1 TL Salz
½ TL Pfeffer
schwarz   1 TL Paprika edelsüß
Gemüsebrühe   1 Bund Schnittlauch
Zubereitung
Alle Zutaten in den Mixer geben und zu einer Creme rühren.

Sauerrahm

Zutaten
400g Seidentofu
(normaler geht
notfalls auch)   2 TL Essig
2 TL Rohrohrzucker   Salz
Pfeffer

Zubereitung
Den Tofu zerbröseln und mit den anderen Zutaten in den
Mixer geben. Alles ca. 3 Minuten verrühren, bis alles schön
cremig ist.

Vegane Grill-Butter

Zutaten
250g Pflanzen-
Margarine   2 Knoblauchzehen gepresst
2 EL Kräuter   Salz
Pfeffer   1 TL Paprikapulver
1 TL Salz   1 TL Gemüsebrühe

Zubereitung
Die weiche Margarine in eine Schüssel geben. Die übrigen
Zutaten hinzufügen. Alles mit dem Rührgerät vermischen.

Chili-Butter vegan

Zutaten
200g Pflanzen-
margarine   1 TL Smokey Chili
1 TL Salz   1 EL Zucker
3 Knoblauch-
zehen gepresst

Zubereitung
Alles in eine Schüssel geben und mit dem Handrührgerät ca.
2 Minuten verrühren.

Vegane Bärlauch-Butter

Zutaten
50g Bärlauch frisch   1 TL Salz
Pfeffer   50g Olivenöl
200g Pflanzen-
margarine

Zubereitung
Alles zusammen in eine Schüssel geben und mit dem
Handrührgerät auf höchster Stufe durchrühren.

Skordalia

Zutaten
300g gek. Kartoffeln   4 Knoblauchzehen
2 EL Essig   50g Olivenöl
Salz   Pfeffer

Zubereitung
Die Knoblauchzehen pressen und zusammen mit den
Kartoffeln und den übrigen Zutaten in eine Schüssel geben.
Alles mit dem Mixgerät auf höchster Stufe durchmixen.
Der Dip passt gut zu allen Gemüsesorten.

Herstellung und Verlag:
BoD - Books on Demand, Norderstedt
ISBN 978-3-7357-2524-0